AF316866

ÉLOGE

DU

COMTE ADOLPHE DE CASTELBAJAC,

Lu en Séance publique, le 28 Mai 1865;

Par M. Théophile DE BARBOT, un des quarante Mainteneurs.

Messieurs,

Une année s'est écoulée à peine, depuis qu'à cette même place j'essayais de consacrer vos regrets et la mémoire d'un ami ; et c'est d'un ami encore, c'est de ce que j'ai perdu, de ce qu'a perdu en lui l'Académie, qu'il faut que je vous entretienne ! Précieuse mais douloureuse tâche ! Elle le serait trop, s'il n'y avait dans la vivacité des souvenirs même, dans cette pleine lumière de ce qui a été, comme un éclair de ce qui sera. La durée de la mémoire, cette continuation de la vie ici-bas, semble le gage mortel de son immortelle continuation plus haut, et l'idée de votre vivante sympathie, de cette fidèle association de la pensée que la mort ne brise pas, m'a été un encouragement et une force.

Joseph-Gratien-Catherine-Louis-Raymond-Adolphe comte de CASTELBAJAC était né à Grenade le 14 août 1795. Sa famille appartenait à ce beau pays

que les montagnes qui le couronnent rapprochent du
nôtre, et qu'elles nous font entrevoir à l'horizon.
Aussi ancienne que la famille des comtes de Bigorre,
elle se rattachait par la communauté d'origine et par
la conformité des armes à la maison d'Albret. Illustre
ainsi par elle-même, elle l'était aussi par ses allian-
ces. Le guerrier qui le premier dut à l'estime de ses
contemporains le surnom de chevalier sans peur et
sans reproche, à la reconnaissance de son roi la sé-
pulture de Saint-Denis, le Bayard du XIVe siècle,
Arnaud de Barbazan, avait laissé deux sœurs pour
seules héritières ; et l'une d'elles passa, par son mariage, dans la maison des Castelbajac. C'est à elles
qu'ils doivent les trois fleurs de lis qui donnent un
éclat royal à leur écusson. Une autre alliance, beaucoup plus tard, et plus près de nos jours, ajouta au
lustre des faits de guerre le lustre non moins grand
attaché à d'autres combats. Celui dont l'éloquence
jaillit tout armée d'une vie jusque-là muette, qui,
officier inconnu la veille de 89, était le lendemain
un orateur célèbre ; l'adversaire, le rival de Mirabeau,
Cazalès, avait deux sœurs aussi, et l'une d'elles épousa
le père de notre regretté confrère. C'est ce mariage
qui plaça le berceau du jeune Adolphe loin du berceau de sa famille, loin du *doux* pays de Bigorre.
Sa mère avait cherché dans la maison qu'elle avait à
Grenade des jours moins troublés que ceux que faisait
alors aux habitants des châteaux l'agitation des campagnes ; elle avait fini par s'y établir, et le fils passa
ainsi ses premières années, partie dans cette maison
où la tendresse maternelle l'aurait voulu toujours,
partie à Toulouse, dans le collége de MM. Gary et
Savy, où sa grande facilité comblait à mesure les
vides formés dans ses études par ses fréquentes ab-
sences. Ses classes s'achevaient lorsque la Restauration
commença.

Le retour de la monarchie, qui fut en même temps le retour de la paix et l'avénement de la liberté, ouvrit un nouvel horizon à la jeune génération prête à entrer dans le monde. Une seule carrière jusque-là semblait s'offrir devant elle ; une seule était brillante ; plusieurs allaient le devenir ; la parole allait remplacer le glaive. Cependant l'impulsion vers les armes était si forte qu'elle ne s'arrêta pas tout de suite. Le jeune Castelbajac trouvait dans sa famille, pour s'y laisser entraîner, les exemples passés et les exemples présents. Officier à dix-sept ans, associé dès 1807 aux travaux de cette infatigable armée, aussi grande aux jours des revers qu'aux jours des victoires, aussi admirable à Montmirail qu'à Austerlitz, Armand de Castelbajac s'était particulièrement distingué dans les campagnes de 1812, de 1813, de 1814 ; plus tard, dans la courte campagne de la Drôme, il avait dignement justifié le monarchique blason de sa famille, et le vaillant chef d'escadron du 11ᵉ chasseurs était devenu le brillant colonel des chasseurs des Pyrénées. Son nom, le nom de son régiment furent, autour de lui, un puissant attrait pour ceux qui avaient vingt ans, un attrait décisif pour son frère, et lorsque le nouveau corps, entièrement formé, défila pour la première fois à la suite de son intrépide chef, on eût dit, aux vieilles moustaches et aux joues imberbes, aux noms du passé et aux noms du présent, une représentation, une fusion de l'ancienne France et de la France nouvelle, de la jeune et de la vieille armée.

Je ne suivrai pas le nouveau sous-lieutenant de garnison en garnison ; je ne m'arrêterai pas avec lui à Lyon, où ces qualités, qui se recommandent d'elles-mêmes et que l'uniforme fait ressortir encore, assurèrent à sa vie du champ de manœuvre les diversions de la vie du monde, et d'un monde animé et brillant. J'ai hâte de le rencontrer à Toulouse. Sa mère, qui ne pouvait vivre sans lui, l'y rappelait depuis longtemps, et il vint chercher à l'École de Droit la préparation à une autre carrière. C'était en 1820, et il faut ce que les chiffres ont d'inflexible pour que j'admette une pareille distance ; il me semble que c'était hier ; il me semble toucher au moment qui commença une liaison que resserrèrent bientôt les mêmes occupations le matin, les mêmes relations le soir.

Il y avait dans le monde de Toulouse d'alors un salon qui s'ouvrait tous les jours, et où tous les jours on venait, non pour le bruit et l'éclat, mais pour la maîtresse de la maison, mais parce que l'on y causait.

On a beaucoup écrit, dans notre époque, sur la mission de la femme ; on a ambitionné pour elle je ne sais quel rôle ; en a-t-on imaginé un supérieur à celui que lui donne la réalité, quand elle devient le centre d'une réunion à laquelle suffit le mouvement de la conversation ; lui a-t-on inventé une plus salutaire influence ? Par elle, les préventions se dissipent et les sympathies se forment ; on se rapproche et on s'apprécie ; elle est l'unité de ces esprits divers, l'accord de ces voix inégales, et l'asile de son salon devient comme une oasis dans la route déserte de l'homme d'étude, comme une halte salutaire dans la voie pressée des jeunes gens. Tel était le salon de Mme d'Hargicourt. Elle avait le don de dire et de faire dire, d'écouter et de faire écouter. L'hospitalité de son esprit était inépuisable, et elle savait la rendre diverse comme ses hôtes. Elle ne trouvait pas seulement ce que chacun pouvait entendre avec le plus de plaisir, elle faisait trouver à chacun ce qu'il pouvait dire avec le plus d'avantage. Sa conversation semblait vivre de la vôtre, et elle vous faisait vivre de la sienne.

Elle avait ce privilége, qu'on a si rarement, et dont on n'use pas toujours quand on l'a, le privilége de relever tout ce qu'on touche. Elle faisait des découvertes dans le bien, et elle faisait part de ses découvertes. Elle était exacte pourtant dans ses portraits, dans les faits racontés et les paroles redites ; mais les paroles étaient plus sonores dans sa bouche, les traits plus frappants. Sa pensée avait cet essor spontané qu'on suit sans hésiter, parce que rien d'apprêté ne vous arrête ; elle avait cet essor rapide qui donne du mouvement à tous les sujets, et fait atteindre aux plus hauts. Les idées généreuses, les sentiments désintéressés lui étaient si naturels, qu'ils naissaient dans sa conversation, quelle que fût la route, et qu'on les respirait dans le terre à terre, comme sur les hauteurs. Les choses simples paraissaient nobles, les choses élevées paraissaient simples. Chevaleresque dans ses sentiments royalistes, elle en avait donné au dehors une preuve rare dans la vie d'une femme, et elle leur donnait dans son salon l'attrait qui s'attachait à tout ce qu'elle disait. Ceux qui ne s'y associaient pas en les éprouvant, s'y associaient en les admirant : c'était pour eux comme ces fruits rares dont on se détourne, mais dont on ne peut s'empêcher de goûter le parfum, et dans cette diversité d'esprit et de caractère, — car un salon est tout un monde, — il y avait un point sur lequel tous s'accordaient : la sympathie pour la maîtresse de la maison. Tout en elle contribuait à la faire naître d'abord, à l'entretenir ensuite. Elle avait, avec la bonté du cœur et la grâce de l'esprit, avec les dons intérieurs, les dons extérieurs ; elle les avait eus et elle semblait ne pouvoir les perdre ! La beauté de ses

traits faisait en quelque sorte partie de la beauté de
son âme, et leur éclat, même aux jours de la jeu-
nesse, n'avait été qu'un rayon de plus dans la pure
auréole que sa vie et ses pensées lui avaient faite, et
qui n'avait laissé arriver jusqu'à elle que les homma-
ges du respect.

Dans ce salon qu'elle animait si bien, et où je re-
trouvais tous les soirs cet ami des lointaines années,
nul n'était plus propre que lui à l'échange auquel
tous étaient conviés ; nul n'y apportait un plus riche
fonds et une disposition plus précieuse : l'égalité d'esprit et d'humeur. Il n'était pas de ceux qui arrivent
avec une conversation toute faite : il acceptait celle
qui s'offrait, s'y mêlait sans la troubler, sans essayer
d'en changer le cours ; il n'en avait pas besoin pour
y marquer sa place : il avait une manière à lui de
dire comme tout le monde. Il suivait vos idées, mais
il ne s'égarait pas à leur poursuite, et on était sûr
avec lui de retrouver le chemin du réel. Il y a une
raillerie qui n'est pas le mouvement de l'amour-
propre blessé, qui est impersonnelle en quelque
sorte, indépendante de l'occasion actuelle, et qui
répond plutôt à ce qu'on a jugé en général des hommes et des choses, qu'à ce qu'on vient d'entendre.
Il avait celle-là, et il l'appliquait quelquefois à ce
qu'il disait lui-même comme à ce que disaient les
autres.

Sa conversation offrait l'attrait de l'imprévu et du
laisser-aller ; ses mots étaient comme ces fleurs qui
naissent toutes seules, qui plaisent par leur cadre de
hasard autant que par elles-mêmes, qu'on ne peut en
séparer, sans les séparer en même temps d'une partie de leur prestige. On ne pouvait le répéter sans
lui ôter quelque chose. Son originalité était dans la
forme autant que dans le fond, dans l'ensemble en-

core plus que dans les détails. Aussi c'est dans l'ensemble qu'il fallait le prendre, et ceux qui s'y refusaient sentaient bien qu'il avait de l'esprit, mais ne sentaient pas combien il en avait, mais ne savaient pas tout ce qu'il aurait pu en faire. Il ne le savait pas lui-même, ou plutôt il avait mieux aimé ne pas le savoir.

Ceux qui l'étudiaient ont pu se demander quelquefois ce qu'il y avait sous cette égalité, sous cette facile acceptation des personnes et des choses. Etait-ce cette disposition heureuse qui montre un seul côté et tire parti de tout, ou cette disposition résignée, quand on a sondé de bonne heure ce qu'est le monde, ce qu'on peut faire pour lui, ce qu'il peut faire pour vous, et qu'on a rapporté de cet examen, avec le découragement de l'avenir, une facile condescendance au présent? Cette incertitude était peut-être une des causes qui donnait à son commerce un attrait qu'on n'épuisait pas, qu'on retrouvait le lendemain, que j'ai retrouvé dans mes souvenirs, que je retrouve encore.

Oh! le temps n'a rien effacé, et dans ce réveil des heures endormies du passé, dans cette évocation muette qui repeuplait autour de la maîtresse de la maison ce salon désert, et qui nous y replaçait tous les deux, il m'a semblé plus d'une fois voir revenir l'heure où le cercle se resserrait, où, au mouvement de la conversation générale, succédait le courant plus profond de la conversation intime; il m'a semblé y goûter encore le contraste de sa voix voilée avec la voix animée pour qui ce moment de la fin de la soirée était le moment du chant du cygne.

Je m'oublie, Messieurs, et vous me le pardonnerez; l'un de ces portraits vous appartient, et l'autre, que j'avais vainement essayé une première fois, que j'essaie peut-être vainement encore, ne vous appartient-il pas aussi? Les femmes, qui, d'époque en époque, ont fait honneur à Toulouse, ne sont-elles pas comme la famille de votre protectrice?

Cependant une nouvelle carrière s'était ouverte devant notre futur confrère. Il avait songé à y entrer dès mil huit cent vingt; il avait songé à prendre la robe de magistrat le jour où il avait quitté l'uniforme d'officier.

Qu'y a-t-il donc entre ces deux missions : défendre son pays! rendre la justice! pour qu'elles soient, pour certaines natures, la seule alternative, pour qu'elles n'aient fait qu'un dans le passé?

Rendre la justice! grave et importante tâche dans tous les temps, plus importante encore à une époque où le culte de la force, de cette idole si séduisante aux yeux des Français sous les parures de la victoire, ne pouvait être efficacement remplacé que par le culte de la loi. Il y avait là un sentiment commun où pouvaient se rencontrer ceux qui se préoccupaient surtout des droits de la royauté, et ceux qui plaçaient en première ligne les garanties de la liberté; et l'espoir de contribuer à établir ce lien entre le passé et le présent, l'appréciation du rôle que le nouveau régime avait fait à la magistrature, ne furent pas étrangers au mouvement qui porta vers elle bien des jeunes gens de cette époque.

Rendre la justice! Payer au nom de tous cette dette, la première de toutes, et en la mesurant, en l'acquittant, ne relever que de sa conscience! Pendant que tout change autour de vous, personnes et choses, rester immobile et indépendant, et faire profiter la société de cette indépendance! Car ce bienfait de l'inamovibilité, qui remonte à la charte royale, et qui lui a survécu, s'étend de celui qui juge à celui qui est jugé, s'étend à la société tout entière. La magistrature, ainsi , devient, dans sa sphère, comme le correctif des régimes divers; elle tempère , dans les limites de son action, les excès contraires , et il dépend d'elle , dans une certaine mesure, qu'il y ait un domaine où la licence ne puisse pénétrer, où l'arbitraire ne puisse croître. Il a payé son tribut à la société; c'est la société qu'il a servie ; c'est son nom qu'il peut invoquer, le magistrat qui est resté fidèle à ses libres appréciations, fidèle à lui-même ; et il peut montrer la constance de sa ligne dans la constance de son indépendance. Tous les sentiments se conservent dans le sentiment du juste; ils y sont compris. Noble sentiment! Il n'a pas les vicissitudes et les décadences des autres; il ne dépend pas des temps et des lieux ; il ne s'affaiblit pas , il se fortifie avec l'âge, avec l'expérience , et les dernières années du magistrat héritent des précédentes : les plus belles fleurs, quand on ne les arrache pas, croissent pour lui dans l'arrière-saison.

C'est ce qui parut dans la carrière de notre regretté confrère. Il y avait apporté , il y avait montré dès les premiers pas les heureuses aptitudes de sa nature : la rectitude d'esprit, la sûreté du jugement ; cette pénétration rapide qui supplée au temps, et qui arrive vite au point important des questions générales , au point vrai des questions particulières ; cette impartialité qui lui était propre, et que sa connaissance des hommes et des choses secondait. Il avait, dès le début aussi , mis au service du magistrat tous les dons de l'homme du monde : la grâce du langage, les formes bienveillantes et délicates, si propres à faire ressortir le fonds que lui formaient ses études; et ces qualités brillèrent chez le Président d'un nouvel éclat. Elles devinrent précieuses à tout le barreau, à tous ceux, et le nombre en avait beaucoup augmenté, qui avaient avec lui des rapports. Tous trouvaient dans son cabinet un encourageant accueil et en rapportaient un sentiment favorable, sentiment qui, dans la vie publique, ne s'arrête pas à celui qui l'inspire. Beaucoup jugent des choses par les personnes, et faire aimer le magistrat n'est pas inutile pour faire aimer la justice, pour la faire respecter, pour faire croire à sa distribution équitable.

Sur son siége, il avait cette attention qui ne se lasse pas, qui ne cède pas à la tentation d'abréger, qui n'est pas seulement un tribut payé au devoir, mais un secours prêté à la vérité et à ceux qui la défendent; il y a une manière d'écouter qui fait mieux dire.

Dans la délibération, il avait l'art de la conduire sans la contraindre, l'à-propos de ces mots heureux qui adoucissent une discussion prête à s'aigrir, cet esprit droit qui va à la vérité par sa propre route, quand il n'y va pas par la route tracée; et les motifs de décider que sa mémoire ne lui faisait pas lire à l'instant dans les opinions des auteurs ou dans les précédents des arrêts, il les trouvait en lui-même. On a souvent, à son occasion, répété cette remarque, qu'il y a un sentiment naturel du juste, un discernement du vrai qui sont dans la pratique un guide aussi sûr, plus sûr quelquefois que la lumière allumée au seul frottement des textes et des commentaires.

Dans la rédaction de la décision prise, il appliquait ce don des tours heureux, des phrases courtes, des mots clairs, qui donne aux détails les plus positifs, qui sème sur la plus aride discussion je ne sais quel parfum littéraire. Rien de plus précis et de plus élégant dans leur précision que les arrêts qu'il ne commettait à personne le soin de rédiger, et l'on s'étonna les premiers temps du secours que la langue des salons

peut prêter à la langue des audiences; on s'étonna
que l'esprit de conversation pût devenir si complète-
ment l'esprit des affaires.

Il vous avait déjà depuis longtemps, à cette époque,
fait éprouver une fois de plus combien cet esprit
s'accorde avec l'esprit des Académies. Je n'essayerai
point de détailler tout ce qui rendait avec lui la con-
fraternité si douce; vos souvenirs devanceraient et
effaceraient mes paroles; je voudrais seulement indi-
quer ce qu'il était dans vos Jeux. Son impartialité n'y
était gênée par aucune opinion exclusive sur la Litté-
rature, par aucune prévention d'école, aucun parti
pris à l'avance, aucun de ces enthousiasmes qui adop-
tent une fois pour toutes. Il avait cette justesse d'appréciation qui se suffit à elle-même, qui n'a pas besoin de longs développements, de longs raisonnements
à suivre ou à faire. Il formait son opinion sur ses
impressions. il l'exprimait en quelques mots. C'é-
tait ce qui n'avait pas été dit, ou ce qui avait été dit
autrement; c'était quelquefois le coup d'épingle qui
suffit pour que le fragile édifice qu'un souffle avait
arrondi, s'écrase et s'efface. Nos Recueils n'ont que
peu de pages de lui; mais elles apportent avec elles
la rançon de leur petit nombre. Quelle grâce dans le
cortége de femmes que déroule son Éloge de Clémence
Isaure, et dont il fait comme l'immortelle cour de
notre Restauratrice ! Quelle finesse dans sa Réponse à
M. de Mac-Carthy; et avec quelle délicatesse il montre
et adoucit à la fois le contraste entre la sévérité littéraire du Récipiendaire et l'indulgence du Modérateur !
Mais il écrivait peu, il n'était pas dans sa nature
d'écrire beaucoup. Il était de ceux qui trouvent un
obstacle dans leur goût même, dans cette inégalité
entre la faculté de juger et la faculté de produire qui
quelquefois existe d'abord, et qu'on ne parvient à

effacer que par des efforts répétés. Mais ce qu'il ôtait
ainsi à ceux qui auraient pu le lire, il le donnait à
ceux qui étaient appelés à l'entendre. On se plaint
souvent que la conversation n'est plus ce qu'elle était ;
peut-être, entre autres raisons de cette décadence, y
en a-t-il une dans l'habitude d'écrire devenue plus
générale, surtout chez ceux faits pour conserver à
la France cette supériorité que l'Europe lui envie. On
cause moins, parce qu'on écrit davantage : on avait
besoin des autres pour répandre ses idées, on n'en a
plus besoin : la solitude y gagne, la société y perd.

Notre confrère, lui, avait laissé son esprit tout
entier à la disposition des autres. Il n'était pas seulement l'homme des conversations de salon et des entretiens académiques, il était l'homme de l'intimité
et du coin du feu. Il suffirait, pour le bien peindre,
de faire connaître complétement ce que les siens ont
trouvé en lui ! La première partie de sa vie serait
marquée par ce qu'il a été pour sa mère ; la dernière
par ce qu'il a été pour celle qui fut la gracieuse compagne des jours heureux, la compagne courageuse
des jours difficiles.

Il faut avoir vu ensemble la mère et le fils, les
avoir vus souvent, pour embrasser dans son entier
ce qu'ils étaient l'un pour l'autre ; pour comprendre
chez tous deux cet accord à s'intéresser aux mêmes
choses, à former les mêmes vœux et les mêmes pro-
jets ; chez le fils, cette faculté de déplacer sa vie en
quelque sorte, et de se faire du même âge et des
mêmes plaisirs.

Il faudrait aussi avoir vu la seconde partie du ta-
bleau. Ce n'étaient plus ces soirées animées que j'ai
essayé de décrire ; il n'y avait plus que deux personnes ; mais c'était chez lui la même disposition à
écouter et à dire, la même coquetterie d'esprit, la

même égalité d'humeur. Sa vie s'était resserrée peu à peu, et le cercle de ses relations avait fini par se confondre avec celui de ses affections et de ses devoirs. A Toulouse, pendant les dix mois d'audience, son temps se partageait, le matin, entre les travaux du palais et ceux de son cabinet; le soir, entre la conversation et la lecture en commun. Aux vacances, il s'écoulait tantôt dans sa riante maison de la plaine de Tarbes, où le souvenir de ses pères et l'empressement de sa famille lui faisaient goûter le passé et le présent; tantôt dans une habitation plus voisine, dans le château de Caumont qui lui rendait son frère, et où leurs destinées, séparées par des distances souvent bien grandes, se rejoignaient un moment. Quelquefois ce qui s'était passé dans l'intervalle rendait plus vives les douceurs du rapprochement. Il en fut ainsi après cette mission aux extrémités de l'Europe, où les marques d'estime d'un puissant souverain dédommagèrent le général de ce que ne put empêcher l'ambassadeur. Il en fut ainsi, surtout après cette session du Sénat, où le vétéran de nos grandes guerres s'arma de la parole en faveur de la plus juste et la plus sainte des causes, et couronna une carrière employée à défendre la France sur les champs de bataille, en défendant à la tribune, ce qui est la France encore, la Rome des Papes et de l'unité catholique. Ce jour-là fut un jour d'élite entre ceux qui les rejoignirent : ce qu'avait fait le sénateur consola le magistrat de ce qu'il ne pouvait faire lui-même, et il se résigna à en être réduit, dans ce grand intérêt, aux paroles de la vie privée, à ses témoignages qui ne sont quelque chose que lorsque l'opinion est tout.

Il ne devait plus se réunir à son frère sous de pareils auspices ! Elle approchait la cruelle épreuve destinée séparément à tous deux, et il touchait à cette époque qui ne fut qu'une longue lutte où succomba sa vie, où ne succomba pas sa patience.

Ce temps de souffrance fut pour lui cette phase décisive où la vie se résume, où la figure morale ressort en un trait qui domine. Ce fut chez lui cette égalité d'âme et de caractère, sous laquelle on aurait pu autrefois chercher, comme je l'ai dit, une tristesse secrète, un secret découragement de la vie et de la condition humaine, et où ces longs jours montrèrent pour fond réel, pour fond définitif, la bonté, le désintéressement de soi, l'intérêt pour les autres. Il était moins occupé de son mal que des soins qu'on lui donnait, que des conséquences de ces soins sur ceux qui les prenaient. Le matin du dernier jour, il témoigna à diverses reprises son inquiétude de l'effet que pouvait produire sur la *Sœur*, qui avait été la garde attentive de sa nuit, une fenêtre ouverte pour faire respirer la chambre et le malade. Il cherchait à abréger l'assistance fidèle des siens ; il cherchait à leur faire une illusion qu'il ne partageait pas, et il étendait sur ses maux le voile de sa physionomie calme, de sa conversation douce et égale comme dans le passé. Il renouait les entretiens des jours de santé : c'étaient les mêmes paroles d'affection et de confiance ; c'étaient d'autres encore, et il y avait, du mari à la femme, du père au fils, d'autres échanges que les échanges de pensées mondaines. Il avait cherché au-dessus du support qu'il trouvait dans les siens, qu'il trouvait en lui-même, le support suprême, celui qu'aucun ne remplace et qui les remplace tous. Il avait donné le sceau de l'action à ces paroles qu'il prononçait devant vous, dans sa réponse à M. de Mac-Carthy, que je rappelais tout à l'heure.

« Comme vous, Monsieur, je crois parce que j'aime ;

» sans consulter ma raison , j'obéis à mon cœur, et ,
» bénissant le Dieu qui m'a placé dans la barque de
» Pierre , je m'abandonne avec confiance au souffle
» divin qui la pousse. »

Je le vis après ce jour du suprême témoignage ,
avant le jour du suprême adieu ; la maladie et la
souffrance n'avaient rien ôté à l'homme, à l'ami. Je
retrouvai en lui la même égalité, la même force
d'âme , et il me sembla y voir quelque chose de
plus : sous ses souffrances , et à travers ses angoisses,
quelque chose d'apaisé et de serein , comme si une
ombre eût été effacée, un vide eût été rempli ; et en le
quittant pour ne plus le revoir, ce fut un adoucisse-
ment pour moi de l'avoir vu ainsi ; ce l'est encore
dans ce moment, dans ces lieux qui nous rejoignaient
aux occasions pareilles du passé , qui ne nous rejoin-
dront plus.

Et vous , Monsieur (1), votre présence au milieu de
nous dans ce jour, à la fois jour de deuil et de fête,
comme tous les jours semblables , n'est pas seulement
la consolation du deuil , la parure de la fête ; elle est
le gage que, dans le monde des lettres , la tendance
est d'associer et d'étendre au lieu de concentrer et
de réduire, et qu'il y a dans sa hiérarchie des liens d'un
échelon à l'autre, des points de rencontre et d'union.
Cette signification nous était présente le jour où nous
écrivions tous le même nom sur le billet de nos votes ;
elle m'encourage maintenant : l'inégalité disparaît dans
l'alliance , et c'est avec un sentiment que rien ne
trouble que je souhaite la bienvenue à l'écrivain , au
penseur, à l'orateur.

Le pays gouverné par le pays, la conciliation, dans
leurs domaines divers, de l'imagination et du goût, de

(1) M. Charles de Remusat , nommé Mainteneur.

l'ordre et de la liberté, de la raison et de la foi, telle a été la devise de votre double vie, le ressort de votre double activité, et les paroles de l'orateur, les pages du critique, les livres du penseur, vous ont valu, avec l'approbation de vos amis et l'estime de vos adversaires, ce sentiment que nul ne refuse à la persévérance dans les mêmes idées, à la marche constante sur la même voie. Il ne m'est pas permis de me livrer un moment à ce que j'ai éprouvé tant de fois dans les pages de vos livres, et d'essayer d'exprimer ce qu'un autre ne pourra exprimer tout à fait, mais ce qu'il rendra bien mieux que je n'aurais pu le faire ; je m'arrête à cette pensée, pensée à la fois de sympathie et d'espérance, de sympathie ici, d'espérance au dehors :

L'heure viendra, et elle est prochaine, où cette grande cause du beau et du vrai, des immortelles destinées de l'homme, défendue jusqu'ici par des armes diverses, par des efforts qui quelquefois se contrarient, ne pourra plus l'être efficacement que par un effort commun. L'air est trop brûlant, le sol trop ravagé, pour que les courants séparés puissent y couler longtemps sans s'y dessécher et tarir, et ce n'est que dans le grand fleuve, dont ils ne sont que des dérivations premières, qu'ils peuvent trouver de quoi s'abriter et se nourrir. Alors la philosophie s'attachera sans réserve à la main que lui tend la religion, et il me semble goûter aujourd'hui à l'avance les joies de cette heure bénie.

Toulouse, Impr. Douladoure; Rouget Frères et Delahaut, succ**, rue St-Rome, 39.